御意始末

俳号こそ
眠れる兎と謙遜しているが、
眠兎さんは
トリックスターの
野兎のように俊敏だ。
結社の境界を
やすやすと越えて種を蒔き、
沃野を広げる。
この句集の豊穣は、
私にとって
うれしい不意打ちだった。

小川軽舟
〈「鷹」主宰〉〈『御意』帯文〉

本書は、黄土眠兎句集『御意』に寄せていただいた書評・読後感の主なものを纏めたものである。初出は各文末に示した。

御意始末＊もくじ

装画……………柳本々々

庶民視線の俳句

藤原龍一郎

〈歌人、俳号・媚庵「短歌人」同人、「豈」同人、「里」人〉

黄土眠兎句集『御意』（邑書林刊）がきわめて読み応えがある。

立春の会費袋を回しゆく
雛の客箪笥をほめて帰りけり
信長の見し遠眼鏡鳥雲に
丸洗ひされ猫の子は家猫に
カッパ巻しんこ巻春惜しみけり

そこはかとなくユーモアがあり、また観察眼も行き届いている。

立春と会費袋というほのぼのとした配合が効いている。まさにこういう状況、こういう光景を読者もまた、自分の経験としてなつかしく思い出すにちがいない。

箪笥をほめて帰る雛の客、立派な桐箪笥があったのだろうか。主人側の苦笑が見えてくるようだ。

遠眼鏡から、天守閣の織田信長を連想することはありうるかもしれない。やはり、そんな光景を映画かテレビドラマで見たような気がする。季語は「鳥雲に」。くっついている季語の配合だが、この句の場合はそれが程よい按配になっている。

丸洗いされる猫の姿も目に浮かぶ。丸洗いという儀礼を通過して、家猫になったという発想も納得できる。

惜春の情をカッパ巻としんこ巻によって醸し出す最後の句。値段のはる高級寿司店ではなく、やはり回転寿司の廻るカウンターが、この句にはふさわしい。

こういう情景の把握力、描写力が黄土眠兎の実力のあらわれではあるが、この一巻には次のような句も読むことができる。

まだ熱き灰の上にも雪降れり
冬帽を被り棺の底なりき
大寒の星の匂ひを嗅ぎにゆく

「阪神淡路大震災」との詞書が付された句である。兵庫県在住の作者は阪神淡路大震災を体験している。巻末のあとがきによると、この句集の句は平成十五年以降につくった句ということなので、掲出の句は阪神淡路大震災の悲痛な体験を記憶の底から呼び出してつくったものということになる。体験の直後には言葉として表現できなかったことが、俳句なる形式に出会うことによって、このように言葉として、詩として、表現として結晶した。ここには俳句との幸運な邂逅が、人生のひそかな救済になりうることの一つの実例があるように思える。

三句の作品を音読してみると、切実な感情の動きが、これらの結晶度の高い言葉として、成立していることが確信できる。実感できる。

紹介したい句は数え切れない。

敗戦日種痘の痕を撫でてをり
一人歌ふ國歌はさびし稲光
極月や人捨てにゆく移民船

たとえば数は少ないがこういう句がある。特に批評しようということではなく、さりげなく、つくられた句だとは思うが、そこに庶民の反権威の感覚が息づいていて、読者としてはドキリとさせられる。

アマリリス御意とメールを返しおく

梅雨寒のロッカー室にひとりかな

廃屋の旅館日当る紅葉かな

膝掛を胸までのばし夜行バス

句集の題名の「御意」が詠み込まれた一句。ここにも庶民的な諧謔がある。一方でロッカー室の孤独もリアリティがある。廃屋の旅館と紅葉、夜行バスで眠るために膝掛を胸まで引きずり上げる行為。

ユニークな俳人の誕生を祝福したい。

（「耕」二千十八年五月号「俳句時評」第十回）

頑張らなくても　栗原修二

〈「鷹」同人〉

十和田市現代美術館などを手掛けた建築家の西沢立衛氏は、自分という存在は時代や社会によってつくられているから「自分が面白いと思うことを創造に移してみると、結果的にその時代の重要な何かが現れるのではないか」と建築感を語っている。私は、句集を読む時にこの言葉をよく思い出す。何度も読み、気になる句を抜き出しあれこれ眺めていると、ぼんやりとそれらしいコンセプトが顕ち現れることがある。恐らくは作者にも意識されない、しかし時代と作者が交わって生まれたその句集独特の気配が。私がこの句集に感じた何かは、「頑張らなくてもいいよ」という気配だった。

まずは句集名の『御意』。題字が金の箔押し。表紙の絵が速水御舟。どうみても伝統的な押し出しの句を思い浮かべる。その表題句が、

アマリリス御意とメールを返しおく

である。肩の力が抜ける。畏まった承服の古語を、厚みもないウェブの世界で軽快に投げ返し、それでいて一定程度の敬意も残している。日々固いヒエラルキーの中で生きている社会人に、柔らかな人間関係の良さをクスリと気付かせてくれる。

「頑張らなくてもいいよ」という気配は、静謐な死にも寄り添う。

まだ熱き灰の上にも雪降れり

傷のなき白き凍蝶ぬかるみに

雪原に掘らんか忘れられし影

一句目は阪神淡路大震災の句。熱き灰は無念の生の残照。鎮魂の雪もまた悲しい自然だ。この経験のためか、恐らくは別の時期に詠まれた句にも、震災詠のような陰影が刻まれる。二句目、小川主宰の〈泥に降る雪うつくしや泥になる〉の句を思わせるが、こちらは死の影が濃い。生きている死、死んでいる生。四谷シモンの人形のような美意識を感じる。三句目も震災の死者を忘れぬ意志を読み取れる。

また、このコンセプトは、「あるがまま」を受け入れる。

丸洗ひされ猫の子は家猫に

出展者Ｄ冬空に本売りぬ

くわりんの実まだ少年に拾はれず

聖夜劇またたくだけの星の役

幸運は静かに來るよ冬菫

自分も他者も茶目っ気でゆるす。

蜘蛛の囲にかかつてばかりゐる人よ

短夜の湯船に顎あまやかす

光とどかぬごきぶりでありにけり

三句目は自分への「突っ込み」の句と読む。嫌われる虫を詠んでいるが暗さが全くない。自分も含め深夜まで画面に張り付いているネット民達に突っ込み、同時にエールを送る句ではないか。眠兎は、眠らない兎なのかも知れない。さらに自らを抜け出て自らを静かに観るような視点にも気付く。己との対話と言い換えてもいい。

ゆふぐれはもの刻む音夏深し

たっぷりと落葉踏みたる影法師

一句目は厨に立つ母を追想する句であろうが、同時に菜を刻む自分を観察し、母と自らの重なりや平凡な営みを肯定している安らぎもある。二句目も精神安定療法のようだ。

もう一句深読みをしてみたい句がある。

満月が地球を重くしてをりぬ

月と太陽の合成重力が、地球に強く働いているという理屈の句ではない。勿論、人の生理や生死への影響も含んでいるが、この月は地球をくまなく映す鏡として存在している。鏡に映った地球や自分の有りようを省みているようだ。地球の姿見にいる兎にだけは、「頑張らなきゃなあ」と眠兎は呟いている。

（「鷹」二千十八年五月号）

『御意』傍らの異界　大井さち子

〈「鷹」同人〉

句集とは不思議なものだと思う。一句一句それぞれ独立した世界を持ちつつ、まとめて一冊となり、一つの名前を与えられる。
編集者である眠兎はそこに「読んでいただいて面白いもの」という魔法のエッセンスを振りかけた。

冬帽を被り棺の底なりき

大寒の星の匂ひを嗅ぎにゆく

冬帽を被って棺に横たわるのは誰なのか。棺の中を覗き込むように始まる一句の中に微妙な捻れが生じ、いつの間にか自分が棺の底にいる。そして、同じページに並んだ句を読んで、読者は昇天し大寒の星空に放たれる。これは眠兎のトリックである。棺を出て、星の匂いを嗅ぎに行こう。

十数へ鬼となる子や落葉焚

声を出してゆっくりと数えているうちに、一緒に遊んでいた仲間はそれぞれ散って行った。目をあけるとそこは森閑とした異郷。この子はかくれんぼの鬼となって十数えていたのではない。数え終わり、鬼になったのだ。眠兎の句はさらっと読むとそのまま読み進んでしまう。しかしちょっとした仕掛けがあり、違和感のような扉を開けると魅力的な異界が広がる。そこに気づくと眠兎の句がぐんと面白くなる。

生前の指冷たかり紙漉女

和紙作りは寒い季節に適しているという。沈もうとする楮の繊維を水に浮遊させるためにネリが必要なのだが、そのネリは水温が高いと切れやすい。寒い冬は薄く上質なものができるようだ。女は毎日紙を漉く。それは紙を漉くという作業であると同時に水と語らう時間でもある。

そしてこのページにもオチの句が用意されている。

雪 女 か ひ な 疲 れ て し ま ひ け り

句集にエンターテイメント性を持たせたい眠兎ならではの配置であり、遊び心であろう。水に冷え切った指で暮らした女は死後、雪女となる。

さ び し か ら ず や 南 極 の 火 消 壺

どういういきさつでこの火消壺は南極に置かれたのだろう。実際に南極にあるのか私は知らない。眠兎もおそらく知らないのではないか。

しかし彼女はその火消壺が南極にあるのだと感じている。知らないが感じているのだ。

「さびしからずや」

遠く日本の地より思う。

「さびしからずや」

深く深く思う。

それはまるで酒と旅の歌人若山牧水のさびしさのように。

幾山河越えさり行かば寂しさの終へなむ國ぞ今日も旅ゆく　牧水

いざ行かむ行きてまだ見ぬ山を見むこのさびしさに君は耐ふるや　同

旅の果、今、火消壺は南極にある。そして眠兎はじーんじーんと火消壺を感じる。

「鷹」は抒情の系譜に繋がる結社である。眠兎の抒情句も忘れてはならない。

ひと搖れに舟出でゆけり春の虹
円窓に月を呼び込むための椅子
雪 來 る か 落 葉 松 の 照 湖 の 照

美しく豊饒な世界である。

（「BLOG俳句新空間」二千十八年三月九日号）

つくることの愉しみ

樫本由貴
〈「小熊座」会員〉

『御意』はまさしく座で育まれた句集だ。読むものを構えて待つような句はほとんどなく、読まれることを静かに待つおおらかさがある。

早速句を見てゆく。

かろやかに詠まれる実感の喜び。

子の息を吸ふ窓ガラス冬満月

朝寝して鳥のことばが少しわかる

一日は案外長しつくづくし

うかうかとジャグジーにゐる春の暮

家族との距離の近さ。一句目、「子の息を吸ふ」といわれれば、その甘い、子供独特の吐息が想起される。二句目、「朝寝」の贅沢さは言わずもがなだろう。「鳥」「ことば」「少し」「わかる」の表記、本当に「少しわかる」感じが伝わってきて、甘さがない。気取らない句の成りも好ましい。三句目、「案外長しつくづくし」の音の楽しさ。四句目、「うかうかと」とあれば、自覚しながらもやめられない怠惰さを愉しんでいるのは明白だ。

目に映るものはかろやかさだけではない。〈まだ熱き灰の上にも雪降れり〉の句のように、まなざしと表現は対象によってしっかりと切り替わる。

母に告ぐ櫻の芽吹きありしこと

目をつむるだけの参拝夏衣

頬杖をとくまでの黙風邪心地

一句目、「芽吹きありしこと」の「ありし」、すでに見つけてあったそれを、母を連れ出し耳打ちする、その喜び。「告ぐ」という語がそれを支え、かつ、さくらそのものを見られない母が浮かび上がる。二句目、外から見ただけの句ではない。一通りの方法をとらない人のなかにある沈深を、作者はわかっている。三句目、これは繊細な実感だ。もう言うことは決まっているというのに、口を開くまでのだるさ、ためらいによって流れ出る憂いが「黙」にある。

彼女の句は足と目で書かれているのが如実だ。だから収められている句そのものには温度差がある。この落差が、句を統べる。このようにまとまったことこそが、自然と彼女の座と、足と目への真摯さをうかがわせる。

黄土眠兎がこの句集に込めたのはあとがきにあるとおり「読んでいただいて面白いものにしたいという思い」だ。これは師への思いや句友への思いに枝分かれしてこの句集を成している。そこに大仰な心構えも、何かへの挑戦の意志も心情も述べられてはおらず、ゆえに記念碑的な意味で編まれたとだけ、この上梓を捉える向きもあるだろう。一方でこの句集の制作の過程を知り、実物を手にして私が感じたのは、本を作る過程そのものの楽しみだ。これはとんでもなく尊いことだと思う。俳句を詠む、書くことには作家それぞれ貫く芯があり、そのあかしとして差し出される句集というものは、負うものが大きすぎて、私は時に苦しささえ感じることがある。しかしこの句集が前面に出すのは、作ることの楽しさだ。この句集の制作過程はFacebookで時折報告され、あと少しで出来となるころには「字が植えてあるだけでいい」と彼女は零されていた。投げやりのようなこの言葉も、一冊を作るために奔走したゆえに漏れる一息だと思うと感慨深い。こういうことが伝わる本というのは珍しいと思う。

このような〝裏側〟を知っているうえで句集を語るのは評論にそぐわないかもしれないが、本を作る純粋な楽しみが句集を編む中にあることを、最後に記しておきたい。

（「BLOG俳句新空間」二千十八年三月二十三日号）

相克する作句姿勢

川原風人

〈「鷹」会員〉

黄土眠兎さんは私にとって、俳句の世界の扉を開いてくれた人物の一人である。眠兎さんが第一句集を上梓されたことを、先ずは心よりお祝い申し上げたい。

さて、『御意』を読むなかで感じたのは相克する作句姿勢である。これは作者が作句における新たな境地を切り拓くうえで発生したものかもしれないが、「鷹」「里」と二つの場所で活躍する作者独自の境地ではないかと推察される。

阪神淡路大震災

まだ熱き灰の上にも雪降れり

前書のとおりの震災詠である。この句によって提示される、震災跡に立つ作者の姿が句集全体を牽引しているように思う。しかし、句集末尾の年譜を見るに作者が俳句を始めたのは阪神淡路大震災から八年ほど経っている。つまり掲句は〈おそらく〉、復興していく街に立ち、記憶のなかの震災を詠んでいるのである。この景色には被災者としての作者の万感の思いが込められている。作句までのタイムラグは、作者が震災と向き合うために必要だった時間を想像させる。

遠足の列に行きあふ爆心地

遠足のこどもたちに出会い、自分の立つ場所が爆心地であるということがふと意識された、ということが大意であろう。前掲句同様ここに見られるのは年を経た対象を見る上での、作者のつめたい抒情である。生と死や現代と過去の対称はいかにも俳句的、と言ってしまえばそれまでなのであるが、本句集を貫くひとつの魅力であるのは確かである。

冬帽を被り棺の底なりき
草笛を皇子は聞かずや明日香川
　父死す
白木槿身のうちに星灯しけり
胸中に古き地図あり日向ぼこ

これらの句も「いま在るもの」「過去に在ったもの」の対比という日本的無常観がテーマとなっている。作者の心のなかで、詩が発生した工房は同じ場所だったのではないだろうか。

さて、句から見えてくるもうひとつの作句姿勢を紹介する。

夏兆す木工ボンド透明に

トリビアルな題材であるが、他に季感はあてはまらない。まぎれもなく夏の到来を告げる句であるように感じる。本句集には、このような小さな題材を丁寧に詠み込む、市井の人としての作者の姿が見えてくるのである。

うかうかとジャグジーにゐる春の暮
子規の忌の銀紙破れやすきかな
鈴あれば鳴らす女や西鶴忌
日に一度帰る家ありすいつちよん
出展者D冬空に本売りぬ
酒臭き夜警一人やクリスマス

これらの句には都市生活者としての作者の生きる姿がありありと見えてくる。一句目などは仕事に追われる女性のひとときのやすらぎが表れているようで、眠兎さんを知る者からすると応援すらしたくなってくるのである。

相克する二つの作句姿勢であるが、その二つが豊かな結合をしている一句を最後に紹介したい。

ゆふぐれはもの刻む音夏深し

断定的な言い方である。しかし、このように言われると納得させられてしまうところがある。この句に漂うノスタルジーは、俎板に野菜を刻む女性の後ろ姿の残像が、読者それぞれの脳裏に存在することを示している。夏の倦怠のなか、読者の思いは過去へ飛ばされ、俎板に物を刻む音だけが余韻として響くのである。

作句経験の浅い私などは、自分の作風や方向性を考えることがある。まだ成熟しない自分の前に道が複数あるように錯覚してしまうのである。そんなとき、結社には師として主宰がおり、選を通じて私自身の進むべき方向を示してくれるように感じている。そういう意味では、眠兎さんは志願して二つの道を選び取った人であるように思う。進むことが簡単な道であるとは思わないが、本句集は眠兎さんのひとつの答えとして読者に提示されている。今後も自在な俳句を期待したい。

（「BLOG 俳句新空間」二千十八年四月六日号）

黄土眠兎はサムライである　叶　裕

〈「里」人〉

黄土眠兎第一句集『御意』。絶滅寸前といわれる活版印刷に正字を奢るページからは、正しく清潔な匂いがする。カバー画に速水御舟「翠苔緑芝屏風図」。この俳人の矜持はカバーからしてあきらかだ。そして手に感じる重さ。それはこの俳人の視座の質を表すものに他ならない。

まだ熱き灰の上にも雪降れり

阪神淡路大震災から二十三年。長田付近の大火災は今も脳裏に焼き付いている。人間の狭小を、無力を嗤うように天災のあぎとは容赦無かった。心折れる罹災者の上に降り出す雪の純白のなんと残酷なことだろう。放心の先に見る六弁の白い結晶を俳人は今も忘れていない。

朝寝して鳥のことばが少しわかる

人間の聴覚はよく出来ていて、脳でフィルタリングしている。音は音と認識して初めて存在するのだ。いつも慌しく過ぎてゆく平日朝の狂騒曲。そこに一拍の休符が入る。休日だろうか、それとも、休符とは無音を意味しない。休符に鳴る音こそサウンドを決すると言ったのはマイルス・デイビスだったか。「鳥のことばが少しわかる」悔しくなるじゃないか。朝寝という休符に彼女は何を聴いたのだろう。それを問い詰めてみたくなった。

病葉や男の日暮さびしいか

下五の「さびしいか」、この問いに五十路のぼくは絶句する。

声が聞こえる。諦観滲む芯のある俳人の声だ。斧の一撃のように虚勢が割れる。ひでぇじゃねぇか。知ってるくせに、と弱々しく返すしかない。まるで姉貴だ。全部知ってて言ってやがる。さびしかねえや、こうみえたって男だぜ。長男だぜ？　と下を向いてついに嗚咽してしまう。

この句集には迷いがない。俳人として生きることを選択した人の句集だ。まるで侍じゃないか。と独り言ちて『御意』というタイトルにようやく合点がいったのである。

彼女がどこに属しているかは問題ではない。研ぐのは常にひとりの時だ。

（「BLOG 俳句新空間」二千十八年四月二十七日号）

生活者の目線

天宮風牙

〈「塵風」同人、「里」人〉

初めて所属誌以外に文章を書くということでブログの過去分（西村麒麟特集）を覗いてみると、執筆陣は僕でも名前を知っている著名俳人の方ばかり、しかも論客ばかりである。少々気後れしつつもどんなに頑張っても感想文の範疇でしか書けないことは自分がよく知っている。いや、寧ろ『御意』評、黄土眠兎論には論客よりも僕のような俳句愛好家のおっちゃんの感想こそが相応しいのだ。

句会に出始めた頃、季語に対して「付き過ぎ」「離れ過ぎ」「付かず離れず」という選評に戸惑った。付くとか付かないは俳諧（連句）での前句と付句との関係に対して使う言葉である。俳句＝発句（の発展形体）だと思っていた僕には発句とは眼前の現実との関係であり、一句を季語とそれ以外の措辞とに分けてその関係として読む習慣が無かったのだ。暫くして二句一章という俳句用語を知り、付合が長句短句一連で短歌として成立させるところを季語＋十二音の十七音にしたような句だと知ることになる。付合は二句間で「転じ」がおこなわれていなければ付合とは言えないが、概ね季語＋十二音の俳句では良く言えば「季語＋その季語の本意の具象化」だが「季語＋その季語の本意の説明、言い換え」とも言える。俳諧の視点からすると発句とも平句とも言えない奇妙（俳）な句ということになる。しかし、季語＋十二音の俳句でも分離不可能な程に付き且つ見事に転じているものも稀にあるのだ。

御 降 や 青 竹 に 汲 む 京 の 酒

最後には嚙みくだく飴日脚伸ぶ

アマリリス御意とメールを返しおく

菱形の臍を褒めらるすいっちょん

末枯やペン持つ前に考へる

掲げたらきりがない。黄土の二句一章の句は、そのどれもが季語と季語以外の措辞と季語の本意とは異なる同じ「匂い」で強固に結びつき、第三の意味を作り出されている。それは、蕉風俳諧の「匂い付」の手法そのものである。黄土は匂い付を俳諧から学んだわけでは無く、体感でできるのだろう。

「里」誌で黄土の作品を読む度に、季語の使い方の上手さに感心すると同時に、匂いとしか言いようのないことに句評の書きづらさを感じてきた。匂い付を用いて作句できる俳人は特別な才の持ち主だと思っていたのだが、「里」誌、特に吟行句会の句会報の黄土の句を読み、考えが変わってきた。それは、黄土の最大の魅力とも言える目線にあるのではないか。

香辛料多き狙始かな

菜の花が八百屋に咲いてしまひけり

北京ダックまでは前菜花氷

白桃の指の形のまま凹む

あつぱれや古道具屋の熊の皮

どの句も生活者の目線で「今」「此処」が描かれている。俳諧の発句が俳句となり新興俳句、前衛俳句を経て多様化してきたが、今、現代俳句として目にする八割くらいは十七音ポエムと呼びたくなる作品も含め、平句であると感じている。残り二割の内の殆どは形式こそ発句体ではあるが形骸化し（和歌としての）連歌の発句とも思える。又、前衛を志向する作品は単なる談林回帰であろう。貞門風の言葉遊びの句すらある。それでも蕪村ら天明俳諧を含む蕉風の系譜は生き残っているのだ。

コンビニのおでん水道水を足す

僕にとって俳句とは「詩」ではなく「現代を生きていることを伝える手段」である。正岡子規によると韻文はその民族の知的レベル、文明が発達する程に長くなるのだという。だとしたら十七音の俳句が伝えるべきことはくだらなければくだらない程良い。

「水道水を足す」たったこれだけの措辞で、これまで幾万と詠まれてきた句によって「おでん」が纏ってしまった昭和ノスタルジーや演歌的詩情が剝ぎ取られ、「コンビニのおでん」としての本情が露になっている。それは、食べ物は少しでも美味しく食べたいという生活者の目線であり、詩人から生活者が「おでん」を奪い返したとも言える（「里」二千十八年四月号に詳述）。

貴族から庶民が詩歌を俳諧として奪い、知的エリートや詩人に奪われた俳句を再び生活者が奪い返したのだ。痛快である。

俳句は眼前の風物（若しくは事象）と作者との関係であるならば、生活者の目線により詠まれた句はより多くの共感を得ることができる。それは同時代人だけの共感ではない。

オリーブの花咲く店のＡランチ

九十年代のイタ飯ブーム以降オリーブの鉢を置く店が増えた。スパゲッティはパスタとなり喫茶店にも○○のパスタとメニューにある。「コンビニのおでん」句同様に韻文として子々孫々へ伝達され何百年後かに平成の風俗を垣間見ているかもしれない。

俳句は百数十年前に西洋かぶれの田舎者のあんちゃんがその卓越した頭脳で俳諧の発句を近代文芸へと生まれ変わらせようとしたものである。それは「詠読分離」を目指したものでありテレビやイベントで「僕にも私にも俳句ができる。」と俳人の数を増やすことでは無かったと思う。これまでにも田中裕明、櫂未知子と俳人以外の読者を獲得できるチャンスは何度かあった。現在なら北大路翼、佐藤文香にその可能性があるように思える。そして、ここに黄土眠兎が加わるのではないか。その意味において冒頭で述べたように『御意』評、黄土眠兎論には論客よりも僕のような俳句愛好家のおっちゃんの感想こそが相応しいのだ。

（「BLOG 俳句新空間」五月十一日号）

御意てっ！　仲田陽子

〈無所属〉

関西人の日常会話の中では漫才でいうところのボケとツッコミが存在する。分類するならば眠兎さんはツッコミの人で、うかうかしていると「そこ！　突っ込むとこなっ！」とダメ出しされることが多々ある。

そんな眠兎さんの処女句集のタイトルが『御意』。。。。。　いきなり全力でボケてきた！　と思った。

「読んで面白い句集にしたい！」という意気込みは聞いていていたし、速水御舟の装画に活版印刷のこだわりも、サービス精神旺盛な彼女のことであるから……と期待値は自ずと高まる。

漫才の要素にはネタフリ、ボケ、ツッコミ、オチの分類ができる。一頁二句立て、見開き四句、章立てごと、句集全体へとバランスを保ちつつネタフリからオチまで構成されている。そしてツッコミどころの多い句、いわゆるボケの句に佳句が多かったように思う。

朝寝して鳥のことばが少しわかる

この朝寝は一見とても気持ちがいい句だ。だけどどうだろう？　何を言ってるのかがやたら理解できるとなると、うるさくってしかたない。鳥のことばは少しわかるくらいで調度いいのだ。いや、少しわかるともううるさいのだ。

アマリリス御意とメールを返しおく

この句集タイトルはこの一句から。何度も「御意てっ！」と突っ込みたくなる。

LINEなどで既読だけではなんとなく愛想がないときの、承知した旨をスタンプで返すような軽さ。アマリリスの花の明るさに相手との関係性がうかがえる。

うかうかとジャグジーにゐる春の暮

カッパ巻しんこ巻春惜しみけり

他人のうかうかを突っ込む眠兎さんが「うかうかとジャグジーに」浮いていたり「カッパ巻しんこ巻」の緑と黄色で春を惜しんでみたりとボケにボケをやんわりと重ねてくる。あかねさすの章の余韻の残し方がオチとして絶妙だ。「里」の句会でお会いするから、うっかり忘れそうになるけれど、眠兎さんは「鷹」に所属されている。さすが抒情の系譜に繋がるだけあって、抒情たっぷりな句も多く見られる。なのにここでも見開き四句でボケとツッコミを美しく成立させている。

円窓に月を呼び込むための椅子

大根が首だしてくる月夜かな

満月が地球を重くしてをりぬ

細波のとぎれし月の舟渡る

小川軽舟氏の帯文に「トリックスターの野兎のように俊敏だ」と書かれているとおり、ネタフリからオチまでが実に軽妙だ。

あと、お金の句をこんなに多く見る句集も珍しいのではないだろうか。

立春の会費袋を回しゆく

銀行の金庫に育つ余寒かな

魚は氷に上りて貯金増えにけり

両替の紙幣に輪ゴム囀れり

鈍色の硬貨の湿り終戦日

ご 破 算 に 整 ふ 指 や 夕 月 夜
大 陸 の に ほ ひ の 紙 幣 鳥 渡 る
札 束 の か す か に ぬ く し 秋 の 暮
歳 晩 や 尻 ポ ケ ッ ト の ド ル 紙 幣

これだけお金を詠んでいるのに守銭奴の臭いがしない。逆に直接お金が出てこない「ご破算に」の句が頭の中で算盤を弾いていて、関西的な腹黒さをかもし出しているという面白さも、注目すべきところではないだろうか。とにかく、句集『御意』は素通りしてしまいそうな一見普通に見える句も実は軽くボケていたりする。突っ込みどころ満載な作品であるから、おおいにツッコミを入れながら読んでみてほしい。

（「BLOG 俳句新空間」二千十八年五月二十五日号）

重なる日常と不思議　本多伸也

〈「鷹」会員〉

『御意』は不思議な句集だ。私たちが生きている世界と重なりながら日常とは別の様相を帯びる、信仰をはじめとする人知を超えたものが多く詠み込まれている。それは時には重く、時にはさらりと句にされ、読み手は翻弄されながらも、その不思議な世界へと足を踏み入れていくのである。

　御降や青竹に汲む京の酒

冒頭の一句である。酒が注がれているのは切ったばかりの青々とした竹。清冽な香りとともに喉に通せば、酒を生んだ水、竹を育んだ土の恩恵を感じる。それは京という土地の恩恵なのだ。長くこの国の都としてあったこの土地が感じさせる神秘は他のそれとは一線を画する。同じ雨であっても正月に降る雨が特別であるように。古来より神と人を結ぶものである酒、そして京という特別な場所。それを詠み込んだこの句が冒頭に置かれることによって読者は涼やかにして不思議な句の数々が待つ世界へと導かれるのである。巧みな舞台設定であり、その後の句の世界にも影響を与えている。

　朝寝して鳥のことばが少しわかる
　なまはげが説教されてゐたりけり

朝寝と鳥語とは全く関係ない。しかし、この句はなんとなくそんなものかもしれないという気にさせる。いつもは説教（というより恫喝か）する立場のなまはげ。ここでは逆に説教されている。どちらもおかしみのある句だが、これらの句のおもしろさがすんなりと入ってくるのは、日本人の信仰が果たしている役割が大きいだろう。なまはげは言わずもがなだが、鳥語を解するといえば民話の「ききみみずきん」を思い出す。ききみみずきんは信心深い若者に観音様が与えたものであり、やはり信仰と関わりがある。

目をつむるだけの参拝夏衣

六道詣自転車で乗り付けて

出店なども出る祭。そぞろ歩いているだけでも楽しいものである。その雰囲気を楽しみに赴いていれば参拝は重要視されるものではないが、それでも無視はしない。軽いスタンスの中にも神仏への敬意はちゃんと感じられる。「乗り付けて」がおかしい六道詣。ちょっと大雑把でも先祖の霊はしっかり迎えに行く。どちらも特別信心深いわけではないが、さりとて信仰から離れてしまうわけでもない。現代らしさが好ましく詠み込まれている。

かごめかごめ櫻吹雪が人さらふ

十数へ鬼となる子や落葉焚

いずれも子どもの遊びが詠まれたものだが、この二句からは尋常ならざるものが迫ってくる。「かごめかごめ」の曲調は決して明るいものではない。詞も謎めいていて不気味さがある。そこに絶え間なく降ってくる桜花。美しいだけにそれは呪力を帯びる。人をさらっていってしまうほどに。次の句はかくれんぼか鬼ごっこだろうが、この子がなったのは遊びとしての「鬼」だけなのだろうかと、ふと思ってしまう雰囲気を持っている。焚火はどのような影を映しているのか。

まだ熱き灰の上にも雪降れり

表立って信仰などを掲げているわけではない。「まだ熱き灰」とは割り切ることのできぬ震災への思いも含んでいるであろう。様々なものを白く覆う雪が降っても、それは容易に隠れてしまうものではない。それでも、震災で傷ついたすべてのものが少しでも安らかであってほしいという祈りが感じられる。

信仰は口つく祈草の花

祈りといえば集の中で最も印象深かったこの句が浮かんでくる。普段は自分の信仰などを意識することはない。何かに祈ることも。そんな日本人は多いだろう。しかし、自分や近しい人が危機に見舞われたとき、そしてそこから救われたとき、祈りの言葉が口をつく。それこそ人知を超えた大いなるものへの畏敬の気持ちの表れであり、原初の信仰の姿ではないだろうか。春が来れば数多の草が花を咲かせるように、それは自然なことである。信仰とはそのように私たちの心の深い部分に寄り添い、意識せずとも自然に存在しているものなのかもしれない。

『御意』の魅力はここまで挙げてきたような人知を超えた世界とつながるような句ばかりではない。日常の世界を詠み込んだ佳句も多く収録されている。

啓蟄や叩いてたたむ段ボール
丸洗ひされ猫の子は家猫に
ゆふぐれはもの刻む音夏深し
秋深しギリシャ数字の置時計

これらの日常を詠んだ句と不思議な世界を詠んだ句が混ぜ合わされていることで、二つの世界がパラレルなものではなく、重なり合ったものであることを感じさせる。『御意』は不思議の世界へ我々を誘う力を持つ。そういえば異国の物語で少女が不思議の国に紛れ込んだのも「兎」を追いかけていってのことであった。

（「BLOG俳句新空間」二千十八年六月八日）

私の声が言葉の声であること

曾根　毅

〈「LOTAS」同人〉

比叡山には九十日間、不眠不休で念仏しながら歩き続ける行があるのだそうだ。この念仏に祈願や感謝の思いはない。意味のある念仏であれば、三日と唱えつづけられるものではないらしい。六十日を過ぎたころから、己という主体を失い、声を発してはいるものの、無為、無心、無我の沈黙が発する念仏になってくるのだという。背景や私心によらず無心で対象物に向かうとき、俳句型式は特に普遍性をもってその機能を発揮するのではないかと考えている。

化身なるべし熊野路の初鴉

化身とは、衆生救済のため神仏が形を変えて、この世に現れること。救いを求める願望や希望の視点がある。しかし、ここでは表層的な意味の展開として読むよりも、神々しい何ものかが変化するときの力を感受したい。「化身なるべし」の語気は、上五に収まり切らず、七音に託された溢れるエネルギーとして迫ってくる。八咫烏や熊野に纏わる歴史や街道の奥行をもってそれは具現化され、初鴉の精気として昇華する。

初刷は十のニュースを以つて足る

十のニュースがどのような内容なのかがわからない、といったところに捉まってしまうと、この句は味わいにくい。初刷りにかかわる状況と時間変化、それを拡大して捉える視点。そこに込められた平穏への願いや憧れは、元日の静かな時の流れ、冷たい空気へと集約されてゆく。

子の息を吸ふ窓ガラス冬満月

母性愛といえば、親が持つ子に対する本能的な愛情。それは無償の愛で、子にとっても受け止めて十分幸せなものであると思いたい。しかし、そうだろうか。想いの勝る自己愛ということもあるだろう。窓ガラスを通して見る冬満月に、通じ得ないがそれを見守っていたいという想いが感じられる。しかし月の側から見れば、無償の愛も自己愛も、ほんの些細な角度の違いでしかないのかもしれない。

ものの芽の一つに卓のヒヤシンス

卓上のヒヤシンスが、屋外のものの芽と通じている瑞々しい生命感覚。

ひと驛を歩いて帰る櫻かな

仕事帰りなどを連想するが、桜が咲くころの一日の終わりの気分が、省略のうちに余すところなく表れている。

一日は案外長しつくづくし

ゆふぐれはもの刻む音夏深し

甘え鳴く鹿來てをりぬ膝頭

和歌や歴史のイメージを織り交ぜた、奥行きのある時間空間が静かに広がる。

幸運は静かに來るよ冬菫

枯山の音とは手折る枝のこと

二句とも優しい囁きとして響いてくるが、人に向けられたものでないような、人声でないような感じもある。冬菫も枯山もどこか限定的でない場所、無との境界線上にあるのではないか。

（「BLOG俳句新空間」二千十八年六月二十二日）

北京ダックまでは前菜花氷

森本直樹

〈歌人 「未來」同人〉

北京ダックまでは前菜花氷

一読して思わず笑ってしまった。北京ダックが出されるまでにいくつもの料理を食べた。そのなかに前菜ではない品も混じっていただろう。しかし、北京ダックが来るや、それらの品は過去のものになり、前菜と同じ扱いになってしまう。季語とも相まって、北京ダックから特別な物という感じが伝わってくる。そして北京ダックを、それこそ目を光らせながら、見詰める人物の姿や人柄も浮かびあがってくる。

『御意』の中には、この句のように食べ物を詠んだ面白い句が幾つもある。

啓蟄をさつとゆがきて畑のもの

カッパ巻しんこ巻春惜しみけり

朝涼や旅の終はりのハムエッグ

新鮮な畑のものをさっとゆがいて、いただく。啓蟄との取り合わせが楽しく、地面からぽんぽんと山菜や野菜などが飛び出している姿も想像した。二句目は、安価な巻物の代表格と季語との取り合わせだが、噛みしめるたびに鳴る力強い音が春が終わってやってくる夏のイメージに繋がって面白い。三句目、旅館の朝食では、火を通しすぎてややぱさっとしたハムエッグが高確率で出てくる気がする。家でも簡単に作れるものなのに、なぜか印象に残ったのは旅の終わりの朝食だからか。

食べ物の句ばかりを取り上げたが、他にも面白い句はたくさんある。

魚は氷に上りて貯金増えにけり

おかしみがある句で好きだ。この増えた貯金も微々たるものかもしれない。しかし、いずれ氷が解けるように、気が付けば魚はどこかにいってしまうように、この貯金も消えて行ってしまうのかもしれない。

金魚田の金魚や泥に潜りたがる

水槽の中や祭りの出店で泳ぐ姿しか見たことがない人間にとっては非常に驚きのある句だった。吟行などで、実際にその姿を見なければ作れない力強さがある。

リアス式海岸に水打ちにけり

海辺での打ち水の景だろうがこう書かれると、神が波という形でリアス式海岸に打ち水をしているようにも見えてくる。現実から、どこか、神話のような世界に飛躍する。

くわりんの実まだ少年に拾はれず

確かに、少年は落ちているものをよく拾いたがることを考える時、公園などに落ちるかりんの実にとって最も身近な人間は少年かもしれない。拾われないかりんの実に思いを寄せるときのかすかな孤独感が伝わってくる。

観察の句が多いが、時に発見の力強さが見え、また、虚構の世界との繋がりも見え。一句一句の着地点が非常に多彩だと感じた。

結論は先に書くべし冬木の芽

『御意』という句集一冊を通して、書くこと、あるいは俳句を詠むということに一本の筋を通し続けようとする眠兎さんの姿が立ち上がってきた。

（「BLOG俳句新空間」二千十八年七月六日号）

出会うべくして――『御意』を詞書から探る　岡村知昭

〈「豈」「狼」同人〉

「極めて個人的な印象です」との断り書きをした上で恥ずかしながらここに記すのだが、私にはいわゆる「詞書」が付けられた一句に対しての若干の苦手意識があるようなのである。特に大きな理由があって、というものではないのだが、強いて挙げるとしたら、一句の前の詞書の存在によって、読み手である自分が一句に対して向かい合おうとするときに、作者から「このように読んでください」との制限が課されてしまったかのように思い込んでしまっているから、なのかもしれない。もちろん、詞書の存在が一句により広がりを産み、その一句が一冊の句集のなかで他の一句との響き合いをもたらし、句集にさらなる広がりをもたらしてくれるということも重々わかってはいるので、この『御意』に収められた詞書付きの作品に対しても「一句に広がりをもたらしているか」「一冊に広がりをもたらしてくれるのか」との目線をもって向かい合っていきたいのである。なぜ、このようなことを長々と書いてしまうのかといえば、この『御意』においては、詞書の付いた作品が五句あるのだが、それぞれの作品に付けられた詞書の中身を見ていくと、この句集の全体へとつながるものが見えてくるような印象を受けるからなのである。

優衣へ

ふらここに立ちて冒険始まりぬ

彩子へ

断髪の少女夏野の扉を開く

達哉へ

小鳥來ぬ少年の棋譜読みたれば

この三句に登場する「優衣」「彩子」「達哉」の三人、おそらくは子どもで、作者をはじめとした大人たちからの愛情をいっぱいに浴びていて、といった具合にひとまずは受け取るのだが、もし「優衣」「彩子」「達哉」の詞書がなかったら、この三人を子どもと受け取っただろうか、との気持ちにもなる。ぶらんこに立ち乗りする「優衣」をまぶしく見守っているのが友達であっても、棋譜を読んでいる「達哉」を見つめているのが別の少年である可能性だってないわけではない。

しかし、作者はこの三句ではあくまでも、一句の詞書に三人の名前を付けることにこだわる姿勢を崩さない。それはこの三人に対して寄せる想いの深さの表れから来るものなのだろうが、誰かへの想いではなく「優衣」「彩子」「達哉」への想いであると確かに記しておかなければ成りたたない、との確信の固さも、それぞれの詞書からは浮かび上がってくる。そういえば、一読したときにはこの「優衣」「彩子」「達哉」の三人は作者の身内とか近所の誰かといった身近にいる子供たち、と思い込んでいたのだが、この印象すらも、この三句に付けられた詞書からもたらしたものなのかもしれないのだ。いまここにいる愛おしい存在への想いの深さは、詞書を通じてよりはっきりと伝わってくるのである。

阪神淡路大震災
まだ熱き灰の上にも雪降れり
父死す
白木槿身のうちに星灯しけり

この二句では、句に付けられたそれぞれの詞書が、自らが抱え込んでしまった死者への鎮魂や悲しみといった感情を、一句により深く刻み込む役割を担っている。

「まだ熱き」の句では、もし詞書がなかったとしたら「阪神大震災」ではなく、東日本大震災を詠んだ一句としても通用したのかもしれない。「雪降れり」は東北の被災地に降った三月の雪になったのかもしれない。だが詞書が付されたことによって、自らが目の当たりにした「阪神大震災」への想いが、あの日「熱き灰」の一部となってしまったのかもしれない、との想いと、時が経つにつれて薄れてしまいそうになる記憶に対して抗おうとする気持ちをともなって、「阪神大震災」を詠んだ一句として読み手を導いてくる。

一方、「白木槿」の句はこのあとの〈風花や父の匂ひの牧師館〉と合わせて、亡き父への想いにあふれた作品であるが、亡くなった父の身体が「星灯し」ている、と捉えたのは、これからはじまる父の不在という現実の大きさを、懸命に受け止めようとしているかのようである。身のうちに輝く星と、白木槿の白の取り合わせのまぶしさは、自らの悲しみの深さをより際立たせるために選び取ったのかもしれず、それを受け止めるには「父死す」の詞書はどうしても欠かせなかったのだろう。逆に「父の匂ひ」の句で詞書が付けられなかったのは「父」がはっきり登場するからだけではなく、父の死を受け止めた時間の経過を、自らの身のうちに感じ取ったからなのかもしれない。作者にとって「阪神大震災」の記憶をつなぎとめようとする姿勢と、父の死への溢れるばかりの哀しみとは、もうここにいない、もう会うことのない人たちへの哀しみと慈しみに満ちているのだ。

一冊の句集に収められた詞書にこだわりすぎたかもしれない、という気持ちは正直あるのだが、しかし、こだわってみてきたからこそ見えてきた『御意』の側面は確かにある。いまここにいるいとけなき者への愛情、肉親や巨大災害の犠牲者といった、すでにこの世のものではなくなってしまった人たちへの哀しみ。このふたつの想いの底に流れているのは、いまここにある存在を慈しもうとする、ひとりの女性の姿ではないか、それこそが『御意』という句集なのではないか、という風に、この一冊を読めば読むほどに感じずにはいられなくなっているのが、只今の個人的な印象なのである。

生前の指冷たかり紙漉女

大寒の星の匂ひを嗅ぎにゆく
銀行の金庫に育つ余寒かな
朝寝して鳥のことばがすこしわかる
カッパ巻きしんこ巻春惜しみけり
アマリリス御意とメールを返しおく
リアス式海岸に水打ちにけり
蜘蛛の囲にかかつてばかりゐる人よ
一人唄ふ國歌はさびし稲光
薄紅葉記念写真に鳩がゐる

印象に残っている句をこうやって挙げてみると、どの作品もモノや人との出会いを喜び、「紙漉女」であれ、「リアス式海岸」であれ、対象に対しての慈しみの深さを感じずにはいられない。そして、作者にとっての喜ばしい出会いの数々をもたらしてくれたのは、まぎれもなく俳句との出会いである。俳句との出会い、俳句を通じての出会いによって生まれた、この『御意』という句集。詞書のある作品は五句なのだが、もしかしたら、どの作品においても、こんな隠れた詞書が付されているのかもしれないと思ってしまうのだ、「ここで出会えて、うれしい」。

（「BLOG 俳句新空間」二千十八年七月二十七日号）

案外な　久留島　元

〈「船団」同人〉

黄土眠兎の次のような句は、現代を颯爽と生きる快活な作者像を想像させ、読者に心地よい読後感を与える。

香辛料多き俎始かな
啓蟄や叩いてたたむ段ボール
大陸のにほひの紙幣鳥渡る
大陸横断鉄道渾身の星月夜
コンビニのおでん水道水を足す

ほかに、小川軽舟氏も集中十句として帯文にあげる〈あつぱれや古道具屋の熊の皮〉や、いささか理屈めいた句だが〈結論は先に書くべし冬木の芽〉〈つきあつてやる食卓のばんぺいゆ〉など、思い切りの良い文体は作者の美質のひとつ。それが現代的な生活実感と結びついたり、狭い日本を飛び出して「大陸」の風景に触れたりするとき、既知の季語大系からはみ出した世界が広がる。

ところでこの作者、〈立春の会費袋を回しゆく〉〈両替の紙幣に輪ゴム囀れり〉など繰り返し金銭に言及する。計算にまつわる〈ご破算に整ふ指や夕月夜〉などもあって、経理関係に目配りする、細心な性格にみえる。しかし同時にややおおざっぱなところも感じられる。

より正確には、おおざっぱな句のほうに魅力があるのではないか、と感じるのだ。上掲の句のほかに〈丸洗ひされ猫の子は家猫に〉も〈たつぷりと落ち葉踏みたる影法師〉も、細かな写生描写というより作者の実感とダイレクトに季節感をとりあわせ、その展開に魅力がある。突き詰めた緊張感より、つきぬけた開放感につながる句がいい。

一方で〈髪洗ふ今日は根つから楽天家〉は季語の含意にとどまるし、〈不老死の水に蓋あり青き踏む〉の略語のように、やや雑な言葉遣いも目につく。言葉感覚には案外おおざっぱなところがあって、開放感と表裏の関係にあるのかとも想像する。

おそらく句集タイトルにもとられた、

　アマリリス御意とメールを返しおく

にただようちょっと気取ったユーモア（で一句をものしてしまう茶目気と洒落気）も、多少のおおざっぱさを含んだ開放的な魅力の一部なのだろう。

その感覚とつながっているのか、作者には、

　雪原に掘らんか忘れられし影

　わが影に西瓜の種を吐き捨てぬ

のようなぼんやりとした対象をとらえた不思議な句が散見される。

実は、私が集中もっとも印象的だったのは

　むささびの領に入りけりかの詐欺師

である。

「むささびの領」というおおざっぱな空間把握から、現代的というか現実的というか「詐欺師」に結実させる意外性。私が読み取れなかっただけで案外単純な文脈があるのかもしれないが、上句で民話的な世界観を期待させられただけに、予想外のオチがついたという気がした。このあたりの抜け感、この作者の魅力ではないだろうか。

（「BLOG 俳句新空間」二千十八年八月十日号）

久留島　元

仲間たちへ　三木基史

〈「樫」同人〉

御降や青竹に汲む京の酒

鳥の巣や図面にはなき隠し部屋

藤田湘子は一流志向だった。当然のごとく「鷹」は一流の俳句結社でなければならなかった。「鷹」の目指す一流の俳句結社とはどのようなものか。そのヒントを小川軽舟の言葉の中に求めた。すると、二つの手掛かりを見つけた。韻律として格調の高い作品を生み出す作者を育てる場であること、そして結社として幅広い許容力を持つことだ。

まだ熱き灰の上にも雪降れり

アマリリス御意とメールを返しおく

押し黙る子を抱きしめよ月今宵

大年の花屋は水を流しけり

P. F. ドラッカーのマネジメント理論ではパラレルキャリアの重要性が説かれている。個人が特定の組織に過度に依存せず、組織外でも活動すること（パラレルキャリア）によって、そこで得た経験が個人の人生を豊かにし、結果的に主たる組織にも還元される効果があるのだとか。黄土眠兎にとって「里」というやんちゃな遊び場はパラレルキャリアそのもの。そんな彼女の存在は「鷹」の許容範囲を広げ、一流の結社たらしめることに僅かでも寄与しているのではないだろうか。

紙漉の男の名刺厚きかな

昨日より足跡多き結氷湖
オリーブの花咲く店のAランチ
蜘蛛の囲にかかつてばかりゐる人よ
わが影に西瓜の種を吐き捨てぬ

著者はとても身近な仲間たちを読者と想定して『御意』をまとめている。師の選を追求して極めるほどの気負いは無さそうだ。俳句創作の心構えのひとつでもある「ものをよく見る姿勢」というよりも、小さなことが気になって（見つけて）しまう損な性格のように感じられた。これは気配りの延長。

髪洗ふ今日は根つから楽天家
大陸横断鉄道渾身の星月夜
あつぱれや古道具屋の熊の皮
でこぽんのでこぽん頭から剝きぬ

句集前半の作品からどことなく漂う危うさは、後半に向けて力強く変化してゆく。紡ぎだす言葉は月曜日の朝の気だるさも金曜日の夜の解放感も内包しながら、定型の中で縦横無尽に飛び跳ねる楽しさを覚えた兎。どのような表現も、どのようなこだわりも受け入れてくれる仲間たちへの「御意」なのだ。その他の共鳴句も挙げておきたい。

初刷は十のニュースを以て足る
子の息を吸ふ窓ガラス冬満月
冬帽を被り棺の底なりき
紙飛行機雛のまへを折り返す
かごめかごめ櫻吹雪が人さらふ

菜の花が八百屋に咲いてしまひけり
丸洗ひされ猫の子は家猫に
夏兆す木工ボンド透明に
さばさばと茅の輪潜りてゆきにけり
くわりんの実まだ少年に拾はれず
船旅に地酒一本鬼貫忌
円窓に月を呼び込むための椅子

（「BLOG俳句新空間」二千十八年八月二十五日号）

外さない　中山奈々

〈「百鳥」同人、「里」人〉

風呂から上がってきて、本を置く。湯気を思いっきり吸うた割にはパリパリしている。さらに湯舟に落ちてタオルで拭いてもしなしなの栞を挟んでも、萎びない。それは一回水浸しになって乾いたからだろうか。借りる予定だったその本を、あろうことか焼酎の水割りをぶちまけてしまい、もう読まないからあげるよと結局貰ってきたのである。それも一年前くらいの出来事だ。

ひとの本を台無しにしてしまうとか、本がなかなか読み進められないとか、最近は本がないと風呂に浸かれないとか、なんだかダメダメを発揮している自分にとって、『御意』は眩しすぎる。眠兎さんはひとの本を台無しにするという失敗談とは無縁だろうし、ふつうに風呂に浸かる・入るという習慣も苦なく出来るのだろう。羽目を外さない。箍が外れない。何より、『御意』を風呂に持ち込むのは御免蒙る！　といった見事な装丁。中の活版印刷にしても、正座して読まなければいけない気がしてくる。

姿勢を崩さず、羽目を外さず、真面目にお読みください。そう言われている気がしてくる。あとがきに《句集上梓に至るとき、「選は創作なり」ということを考え、読んでいただいて面白いものにしたいという思いが湧いてきました。》とあり、確かに配置は面白いのだけど、俳句は至って真面目。小川軽舟さんが帯で書いたような《俳号こそ眠れる兎と謙遜しているが、眠兎さんはトリックスターの野兎のように俊敏だ。》という言葉に首を傾げてしまう。

トリックスターというよりはマジシャンだ。タネも仕掛けもありません。というけれど、内実、たくさんタネも仕掛けもあり、披露するまでにはとてつもない練習をしている。俳句でいうと、多作多捨がそれにあたるのかもしれない。根本的に的確な季語の斡旋、そういう感の養いさえ、すぐに出来ることじゃない。季語を外さない。

寒紅やオペラグラスを膝に置く

雪柳水の流るる方に驛

一輪の花買ひに出る朧かな

メーデーや空き地のままの國有地

島一つ真珠工場日向水

一句目。オペラグラスだから観劇だろうか。オペラグラスを使うくらいだから、大きな劇場なのだ。仮にオペラとしよう。主演が歌いはじめると、オペラグラスで目を酷使することはない。耳で楽しむ。目を閉じる。オペラグラスは膝に。その顔で際立つのは赤い口紅である。

二句目。水の流れる方に駅がある。水も流れているし、雪柳もそれに沿うように咲いている。そして作者もそちらに合わせて歩いているのだ。

三句目。この朧、月夜ではないのかもしれない。夜にたった一輪を買いに行く心情。それはもう魔界からの誘惑しかない。それくらい朧の不思議さが出てきている。普段冗談を言わないひとが急に真顔でオヤジギャグを言ってきたくらいの怖さがある。

四句目。労働者の運動、賃金引き上げなどは企業に向けられるものだが、反原発や待機児童問題も一緒に叫ばれる。企業の裏に国があるわけではないけど、企業も労働者も国民なのだ。たくさんのひとたちが列をなす。そこに空き地のままの国有地がある。どうか、八億円まけて売らないように。

五句目。「日向水」でその島のあたたかさや工場といいながらも生活感溢れた世界が見えてくる。

季語ありきの俳句というものがある。前の五句は季語から生まれたのか、季語以外の言葉が引き出したのか、わからない。しかし、季語を外さないのだ。「私、失敗しないんで」というくらい自信に溢れている。この季語にすると決めたら「御意」と従う。

ただ問題なのは、季語や情景がストレートすぎることである。

菜の花が八百屋に咲いてしまひけり
花街の見返り柳金魚玉
百合ひらくサンダル履きの修道女
もてなしの料理はジビエ山に雪

一句目。菜の花は売り物としてもあるのだが、プランターに咲いてしまった。よりにもよって……という哀愁があるが、狙いすぎなのではないかと思ってしまう。事実にしても虚構にしても、大きな驚きはいらないのだが、笑っていいのかどうか分からないボケには戸惑ってしまう。

二句目、三句目。見返り柳は大抵、花街にある。名残惜しそうに柳のところで花街を見返す。橋を渡れば現実である。金魚は遊女の着物のような華やかさがあるが、結局は金魚玉から出られない。それをつつく遊女は何を思うのか。同じくサンダル履きの修道女は何を思うのか。サンダルにもいろいろあり、サンダルだからといって、世俗的ということはない。ここが多分驚きどころなのだけど、百合ひらく庭に出て行くのに、サンダルでもいいのではないかと思ってしまう。そして修道女にして百合、ウィキペディアによれば、百合は聖母マリアの象徴らしいので、季語としては想定内なのだ。

四句目は、ジビエと山の近さ。山に雪が降る。食べ物も少なくなる。このジビエは冬眠しない動物だろうか。山から降りてくるのかもしれない。もてなしでジビエ料理を出されると嬉しい、驚きが「だって山だもの」で片付けられるのは実に惜しい。

もちろん、これらの俳句は句会において選から外れない。うますぎると外されることはあるだろう。自分が採らなくてもだれかが採る。そういうときに限ってだれも採っていない。俳句として内容として外していないのに外れてしまう。

わが影に西瓜の種を吐き捨てぬ

西瓜の種は影にきちんと入る。でもそれは吐き捨てられたものなのだ。しかも影よりも濃い黒色。たまには外してもよいのではないか。眠兎さんの次はそれに尽きる。

そういえば、羽目を外した話を聞いたことがある。北大路翼さんが関西に来た時に彼を囲んで眠兎さんたち数人が徹夜で句会をしたそうだ。その時の俳句が、

コンビニのおでん水道水を足す

コンビニのおでんは食べたことがない。神野紗希さんの代表句から美味しいものと認識していたが、水を足すほどがちょうどよい味なのか、水を足して足して三日間しのぐのか。そんな貧乏なことはしないか。

銀行の金庫に育つ余寒かな

というくらいなのだから。貴金属も育っているのだろう。しかしそんなくらいところにいないで、せっかく句集を出したのだから出てきたらよい。一年くらいは。

春すでに身を溶け出して海へ海へ

（「里」二千十八年四月号）

敵　中山奈々

〈「百鳥」同人、「里」人〉

バイトの帰りにチョコアイスキャンデーを買う。店を出た瞬間に袋から出し、噛み付く。しゃり。色も匂いもチョコレートなのだけど、濾していったら、どうせ水なんだろう。しゃり。あまりにはやく齧りすぎて、アイスが悪態をつく頬を強張らせる。しゃり。寒い。まだ梅雨入り宣言はされていないが、雨上がりの冷ややかさが梅雨のようである。その寒さに血の気が引く。どこかに意識が飛んでいくようだ。目に映るのは、ちらほら咲きはじめた紫陽花。

かつてシーボルトは、紫陽花を自国に持ち帰るときに妻の名前をつけた。淡い記憶の中の、儚い思い。はっきりしない色合いが紫陽花のよいところなのだ。桜にしてもそうだ。薄いピンクの、あるいは白の、咲いてはすぐに散ってしまう姿に世の儚さを馳せずにはいられない。

なんてことは、全然考えたこともない。そんな現実主義にして実力主義のなかに生きた男がいる。

場所は大坂の適塾。身分制度が確固なものとしてあった江戸時代において、実力主義の世界を展開する。蘭方医・緒方洪庵の塾だが、その講義内容は多岐に渡った。たった一冊の蘭和辞書「ヅーフ・ハルマ」を置いた通称・ヅーフ部屋の灯は絶えることがなかったという。切磋琢磨、といえば聞こえがいい。自分が、この横に座る男よりも上に上がらなければ、安眠も出来ない。そう、塾生の寝床の位置は成績で決まる。上位は部屋奥で堂々と眠ることができる。下位は部屋の入り口 ── 階段に繋がる板の間 ── で、厠へ行く者たちに踏まれ、寝相が悪ければ、蒲田行進曲ばりに階段を転げ落ちる。《天は人の上に人を造らず、人の下に人を造らず、といへり。》しかし登っていくものも落ちていくものもあるわけである。

櫻蘂降る適塾の虫籠窓

桜の花弁のちりは潔いが、あとからゆったりと降る桜蘂。スローモーションのなかにも鋭さはある。適塾の柱には無数の刀傷がある。儚さを憂いている場合ではない。勉学への果敢さを見せていかなければ。そのあと花は葉に変わり、万緑のもとにたくさんの蟬をもって栄えるのである。

蟬の命だって儚いって？　次の年も次の年も湧いて出てくるだろう。日本という大本がしっかりしていれば、蟬も安心して出てこられる。

黄土眠兎句集『御意』にはお金の俳句が多いといわれる。掲句も見ようによったらお金なのだ。だって、適塾第十代塾長は誰であろう、一万円の肖像、福沢諭吉そのひとである。ちなみにわたしのGmailのアドレスは金が舞い込むかと思い、【tekijyukujyukutyou】としているが、金とは縁遠い。

緑蔭によつてたたかつて秘密基地

政治は見えにくい。だから俳句をやっているひとたちのなかにも政治的なものがあってもはっきり見えない。それは緑蔭でやっているからか。目を凝らしたら見えるのか。しかし。飛蚊症激しいこの近眼には緑蔭よりも、遠くの山の緑がよいらしい。その山にはビッグフッドがいるかもしれない。その方が楽しい。仲間を作ることもいいが、ライバルを作ってみるのもいい。

敵。

敵。

敵。

黄土眠兎は充分な敵である。

（「BLOG俳句新空間」二千十八年九月二十八日号）

手札の中のモノ　黒岩徳将

〈「街」会員〉

雪柳水の流るる方に驛

川沿いの駅を思う。流れはそこまで速くない。駅は多くの人生が浅く交差する場所だ。しかし空港や船着き場と比べるとせわしなく、どこか淡白でクールな印象を受ける。リクルートスーツを着こなせない就活生は、保育園帰りのかしましいママ友たちを見向きもしなかったりするだろう。この句はそんな駅を少しだけ遠くから望む。川の水はただただ流れに従っているだけで、川の中の石や魚を隠すこともない。そよそよときらめきながら吹かれる雪柳も、世界の他者には干渉しない。あるがままの風景を書きとることは、そのまま世界の肯定に繋がる。

眠兎の句は口ずさみやすい。だから、市民生活の違和感の表出は韻律ではなく、物と物とのぶつかり合いによって達成される。

紙飛行機雛のまへを折り返す

雛と紙飛行機という、並行に存在していた古いエンターテイメントが出会う。「過ぎる」ではなく、「折り返す」に構成の妙がある。雛の精神の気高さや、紙飛行機ごときでは近づけないのだという主人公のまなざしも背後にあるかもしれない。雛に速いものが通っても似合わないので紙飛行機のペラペラ感もあいまってきて楽しい。この句に比べると、隣の二句〈雛の客箪笥をほめて帰りけり〉〈啓蟄や叩いてたたむ段ボール〉はユーモアも連想も類型的である。

朝寝して鳥のことばが少しわかる

金魚田の金魚や泥に潜りたがる

定型への意識を基本として、上六や下六のもたつきや逡巡を楽しむ。俳句らしく見える「パターン」も意識していそうだが、その意識は類型を免れるための意識である。「少し」は句集の中にこの句しかない。

Amazon も 楽 天 も 好 き 種 物 屋

菊 人 形 肩 よ り 枯 れ て ゆ き に け り

「好き」の口語の弾んでゆく感じも、文語のどっしりした構えも眠兎は好む。

う か う か と ジ ャ グ ジ ー に ゐ る 春 の 暮

さ ば さ ば と 茅 の 輪 く ぐ り て ゆ き に け り

や す や す と ま ん ぷ く 食 堂 に 西 日

た つ ぷ り と 落 葉 踏 み た る 影 法 師

副詞で始まる句は四句あった。茅の輪の句と西日の句が、素材・季語に対して裏切りがあり、この裏切りが鋭くて爽快で心地よい。茅の輪の句は、ありがたがって茅の輪をくぐる人もいるだろうに、そうではない人に注目したところが俳句らしい。まんぷく食堂は三重県の近鉄宇治山田駅から徒歩一分の距離にあるB級グルメ「唐揚げ丼」で有名な店だが、そんなことを知らなくてもまんぷく食堂にさしかかるオレンジ色の光線が思い浮かぶ。ここで「夕焼」ではなく「西日」なのは、プラスではなくマイナスイメージも「まんぷく」に織り交ぜたかったのであろう。「西日」の方が「やすやすと」に響く。飽食の時代、エクスタシーである「食」を終えるときに立ち上がる感情は「太ることによる後悔」だけではなく、人間の業をも思わせる。

大 聖 堂 ま で の 原 つ ぱ 日 脚 伸 ぶ

バ レ ン タ イ ン デ ー 軽 量 の 傘 ひ ら く

カッパ巻しんこ巻春惜しみけり
峰雲や輓馬寄り来る診療所
出展者Ｄ冬空に本売りぬ
歳晩や尻ポケットのドル紙幣
ひと搖れに舟出でゆけり春の虹
丸洗ひされ猫の子は家猫に
雛の家綺麗にパンを焦がしけり
春風や開港を待つ滑走路

即物的描写に徹した句と、機智・把握を開陳している句のバランスは六対四といったところだろうか。「モノ俳句は素材で勝負」「いや素材だけではだめだ。構成・何に詩を感じたかの提示が必要だ」という二つの価値観を行き来させている。

秋深しギリシャ数字の置時計

つまり、手札がいろいろあるので飽きない。

（「BLOG俳句新空間」二千十八年十月十二日号）

抒情のこと　島田牙城

〈「里」人〉

木津川の乘込鮒やあかねさす

美しい句だなと思ふ。

「あかねさす」から讀者は自然と〈あかねさす紫野行き標野行き野守は見ずや君が袖振る〉へと思ひを流してゆくであらう。大海人皇子への額田王による戀歌である。日本の詩歌の傳統を一身に背負ふ『萬葉集』巻一。だからか、この句には戀の香りがする。しかしそれは、あながち「あかねさす」からの連想だけではあるまい。

木津川と言へば僕なら先づ大きな磨崖佛を藏する笠置山が思はれるし、少し溯ると支流には月ヶ瀨梅林がある。笠置山は、千三百三十一年、後醍醐帝擧兵の地でもあり、心は自づと歴史の彼方をさまよふこととなる。

そのやうな場を今も流れ續ける木津川の乘込鮒。產卵のために岸近くへ上がつてくる生命力の塊。

この句に後朝《きぬぎぬ》を思ふのは讀み過ぎであらうか。「あかねさす」は紫とか日とかに掛かる枕詞。この句は「あかねさす」の下に言葉を繼いでゐないのだから、乘込鮒に茜を見たと取るのが妥當だけれど、「や」の切れは強い。

後朝、旭の眩しさの中に歴史を背負うた鮒の產卵を目擊し、產むといふ女の性を思うてゐる句なのではないか。

黄土眠兎といふ俳人の普段の振舞ひには生きる力を漲らせてゐるところがあるのだけれど、ふと、あれは强がりなのではと思ふことがある。嫋やかであつたり、泣き蟲であつたりを隱し堪へてゐる假の姿なのではないかと思ふこともある。「木津川の乘込鮒や」といふ強い言ひ切りの後、「あかねさす」といふやまとことばを下五にそつと据ゑる所作は、そんな眠兎の陰なる抒情を美しく指し示してゐるのであつた。『御意』中の最高傑作だと思ふ。（書き下ろし）

ふっと和らぐ　谷口智行

〈「運河」副主宰、「里」人〉

本書『御意』は黄土眠兎《きづちみんと》の第一句集である。眠兎は「鷹」同人、「里」人、「邑書林」編集者。昭和三十五年生まれとあるから筆者の妹と同い年。親しみが湧く。

五百部限定。ナンバリングが施されているが、作者自身、献呈者のどなたが何番なのか分かっていない。聞くところによれば、本書発送の際に社主島田牙城が風邪でダウンしており、本書集配の時間との戦いの中、とにかく発送用封筒に詰めたという。発送最中のこと、「百番台の数字は意外とまだ残っていて、まったりしています」とは眠兎の弁。

さて当然のことながら、句集に収められる俳句は現実そのものではなく飽くまでも創作、作品としての世界である。自己に執するものもあれば、それを前面に出さずに秘しているものもある。

しかし句集一冊二、三百句の中には必ず、作者が執着する素材・言葉・方法・共通のイメージが存在しているわけで、読者はそういうものを点で繋いで、その点の延長線上を辿ってゆく。そして読者がイメージするのは仄々と人間の匂いをまとって立つ一人の俳人の姿である。

読者が作り出した姿、それは必ずしも作者の実像と一致するものではないが、もし句集読後に作者と出会い、知遇を得たなら、後で得た印象と大差ないことに気付く。読後の印象を抱き、その印象を信じて交遊してもあまり裏切られることはない。そこが俳句と作者の面白いところだ。

いずれにせよ読者は、自身がイメージした作者像とその作品に感動し、共鳴し、そこに醸し出される哀しみや切なさを共有し、時には本当の自分に出会ったような懐かしさを感じ、作者を、作品を愛おしく思う。そして読者は句集の表紙を眺め、撫でさすりながら、作者と心を通わせる。

アマリリス御意とメールを返しおく

句集『御意』、装幀は牙城渾身の作（やはり牙城兄は天才だ）。カバー表紙画は、山種美術館蔵の速水御舟《ぎょしゅう》「翠苔緑芝《すいたいりょくし》屏風図」。四曲一雙の内、左二曲とある。図柄は瑞々しい紫陽花と芝上で遊ぶ二羽の白兎。うち一羽はまさに「眠兎」。カバーを外せば縦に金線が伸び、装幀は紙と布を使用した継本。そして今や絶滅寸前と言われる活版印刷に拘り、正字を用い、いと味わい深い。タイトル『御意』という言葉と相俟って、それらはまさに武道家の覚悟と潔さに通じていると誰もが思う。

さらに小川軽舟「鷹」主宰による帯は丁重なPP加工。「あとがき」は凸版。句集の構成は編年体を採用せず、正月「京の酒」・寒「熱き灰」・春「あかねさす」・夏「星灯す」・秋「太古より」・冬「影法師」の順に配置されている。読み進めながら四季の移ろいが感じられるようにとの配慮である。

*

作者は以前、ネット上でのハンドルネームを二つ持っていた。「シエナ」と「ミント」。シエナはイタリア中部の都市名で黄土色《おうどいろ》の意。ミントは表向きには薄荷（ミント）からと言っているが、実際は諜報部員《ヒューミント》から採ったという。HUMINTは「人による情報収集・分析活動」(human intelligence)の合成語。「人的諜報」と訳される。それら二つのペンネームを併せて「黄土眠兎」。何とも凝ったペンネームである。本名は知らない。

その眠兎、「俳句は挨拶」、「ほとんどの作品にモデルがいる」と言う。

御降や青竹に汲む京の酒

元日のその日、降るのは雨か雪か。雪の方が似合う。京丹後の伏流水で仕込まれた絞りたての醪で仕上げた酒。青竹で作った器に詰めて頂く。竹林から伐り出した一年ものの青竹、その馥郁たる成分が生酒に移っている。酒の角は取れ、まろやかさと清爽な香りが漂い、青竹の猪口も冷やされている。この句のモデルが藤田湘子と知れば、師の口元を見つめる眠兎の潤んだ目も想像できよう。

香辛料多き俎始かな

香辛料を多めに使うことのできる料理で、しかも「俎始」の素材と言われても具体的には思いつかない。年末から正月の食材に飽きが来て、刺激的な味覚を求め始めたといった感じの句かと思ったが、〈俎に切るとんかつや春隣〉（軽舟）があることを知った。

嗚呼、これこそ師に対する挨拶句であり、作者にとってこの句の素材はやはり「とんかつ」でなければならぬ。何がどうあれ、眠兎はこの句を集中に収めておきたかった。

化身なるべし熊野路の初鴉

熊野の鴉と言えば八咫烏。『古事記』における八咫烏は、高木大神《たかぎのおおかみ》の命で神武東征の際に一行を道案内するよう命じられ、天より遣わされた。『日本書紀』ではちょっと違って、アマテラスが遣わしたと記されている。アマテラスは太陽神だから八咫烏も太陽神、あるいは太陽神の使いと信じられている。ちなみに『姓氏録』の八咫烏は賀茂御祖神社（下鴨神社）に祀られる賀茂《かも》建角身命《たけつのみのみこと》の化身と伝えられている。

掲句、初鴉であって八咫烏とは言っていないし、こうした伝承を踏まえて成された作品でもなさそうだ。眠兎が「熊野の鴉の化身に違いない」と確信的に推し量ったのは、熊野路でふと出会った人だったかもしれない。あるいは熊野在住の一俳人への挨拶句だったのかもしれない。うん、きっとそうに違いない。

ライターの火色明るし寒昴

石楠花や散歩がてらに散髪屋

もの書きに戻る夜更の熱帯魚

蜘蛛の囲にかかつてばかりゐる人よ
病葉や男の日暮さびしいか
霜の夜やカレー煮こんでくる人
酢海鼠の嫌ひな人になじみけり

これらの作品のモデルは自身かも知れないし架空人物かも知れない。詩的真実と日常的現実とは自ずから別個のものであり、虚も実もひっくるめた作品がどれほどの感動や刺激を与え得るかということなのだが、そこで裏付けもないままに推測することの無謀と無礼を承知の上で、僕は一つの仮説を提示しよう。佐久を離れた島田牙城の最も幸せな精神基盤は「もの書き」や「病葉」や「霜の夜」の句などに潜まされているのではないかと。

春星を溶かして固めチョコレート
助手席に香水の手を重ねをり
瀧つぼはいつも処女《をとめ》よ青みけり
鈴あれば鳴らす女や西鶴忌
わが膝を行つてもどつて毛絲玉
膝掛を胸までのばし夜行バス

言うまでもないことだが、俳句が「いま、ここ、われ」である限り、作品は必然的に私小説性を帯びてくる。これを眠兎における「私小説的な私の領域」と呼ぶなら、彼女はその領域に「春星」「香水」「瀧つぼ」「鈴」「毛絲玉」「膝掛」など独自の幻想や喩の手法を取り入れ、自身の作品世界に自由な拡がりを持たせているということになる。

結論は先に書くべし冬木の芽

押し黙る子を抱きしめよ月今宵
そのことは腹にしまつておけちちろ
つきあつてやる食卓のばんぺいゆ

これまで僕が知っていると思った作者像からはやや遠い、命令・断定の強い口調の作品である。この認識は印象と違うからと言って僕が落胆するような質のものではない。これらの作品を得られるまでに作者がどんなに厳しく自己を律し、精進を積んできたかを証明するものであり、いよいよ眠兎の魅力を深める質のものである。これまで幾度かお会いしながら、こうした眠兎の「男ぶりな世界」に僕が思い至らなかっただけであるが、種々振り返ってみれば、然もありなんといった気がしないでもない。

＊

春夕焼ジャングルジムの父の背に

父死す

白木槿身のうちに星灯しけり

父を詠んだ作品を二句挙げた。

一句目、幼い頃の父との思い出だろうか、父親はおそらく子どもと一緒にジャングルジムに上っている。その背を荘厳する「春夕焼」。この句、子どもの存在は描かれていない。作者の立ち位置も明らかにされていない。

春の青かった空がだんだんと暮れ、今しも沈もうとする真っ赤な夕日、たちまち空が焼ける。こうした黄昏、逢魔が時はまさに、夜の闇に入る直前に展開される明と暗の壮大な鬩ぎ合いだ。この場に立ち会った者の心に呼び起される緊張と高揚感、それは畏れの気持ちと紙一重である。なぜなら、夕焼けの後には必ず原自然の真闇の世界が待ち受けているから。次の句との並列によってパーソナルな概念を超えた「父」の存在が浮かび上がってくる。

その二句目の「白木槿」は秋の季語。小学校の教師をされていた「父」は夏の季節に亡くなられたが、眠兎は木槿の咲き継ぐ時候まで俳句が出来なかった。父不在の現実――それを受け容れることができた頃、ようやく「身のうち」に星を灯すことができた。かけがえのない父の死を自覚したその表白の手段が「身のうちに星を灯すこと」だったのだ。

季節の移ろいの中、星々は研ぎ澄まされた大気に瞬き、それは喘いでいるようにも、溜息をついているようにも見えた。夾雑物が取り去られた透明な心の空間が一句の中に形作られている。眠兎からこんな話を聞いたことがある。父は人権問題の講演の中、リンカーンの「人民による人民のための……」まで言って、崩れるように倒れた。主催者は「その後に続く『人民のための政治』という最後の言葉が聞けませんでした。残念でなりません」と話されたという。僕はその時、眠兎のこんな声を聞いた気がした。「智行さん、父はすでに私一人の父ではありません。私はすでに告白に値するような無垢な私でもありません。今の私は挫折と悲しみを通過した私です」と。

その他、父を詠んだ句に、

風花や父の匂ひの牧師館

がある。お父さまや眠兎がクリスチャンなのか知る由もない。ただ、阪神間には教会や修道院が多く、修道士、牧師、シスターたちは作者にとって身近な存在であった。「風花はひとときのまやかしの雪、根雪が降るのはまだ先のこと」という詩もあるが、この句「風花」がいい。

阪神淡路大震災

まだ熱き灰の上にも雪降れり

平成七年(一九九五)一月十七日の阪神淡路大震災から二十三年が経った。十年間務めた大阪の高度救命救急センターから僕が熊野に戻ったのは平成五年のことだから、僕自身はこの大震災を経験していない。後日、医療救護活動に馳せ参じた母校の先輩や後輩たちから被災各地の生々しい現実を聞かされた。

掲句、眠兎が俳句を作り始めて間もない頃の作というから驚かされる。「回想の句ですが、この句はどうしても外せなかった」、「メモではなく俳句にすることで当時を思い出させるものとして、私の中に深く残った光景だった」と眠兎は言う。

ちなみにその四年前のこの日（一九九一年一月十七日）は多国籍軍がイラクへの空爆を開始した湾岸戦争が起こった日と重なる。

立春の会費袋を回しゆく
伝票に押すだけの印春浅し
保護フィルムはがす建國記念の日
啓蟄や叩いてたたむ段ボール
両替の紙幣に輪ゴム囀れり

いずれも春の項「あかねさす」より抽出した。些細な日常的な出来事や生活を掬い上げ、奇を衒うことなく詠んでいる。どの句も、誰もが体験しているけれどことさら意識することは稀な「共通の思い」である。生活の表面を詠むのではなく、さりげなく添えられた季語を通し、日常を押し上げて来る力（これはまさに「俳の力」だ）を見つめている。

それぞれ自然なかたちで詠まれているが、「あえぎあえぎ」するような生活の断片がここに潜まされていることを見逃してはなるまい。「会費袋」「伝票」「保護フィルム」「段ボール」「両替の紙幣」「輪ゴム」といった面白味のない日常の生活用語は、実は作品の中できわめて饒舌なのだ。これら以外の句にも、「軽量の傘」「銀行の金庫」「貯金」「消印」「翻訳のインク」などを詠んだ句がある。

僕は先に「生活」という言葉を使ったが、「実生活」という言葉の存在すら危うい現在、あらためて生活の句を詠むことは何を意味するのだろうと考える。

誰もが「実生活」を持っているのに、「あなたの実生活とは？　生活とは？」と問われると茫然とする。生活とはそんなものなのかも知れないが、世の多くの俳句が生活の中から生まれてくることも事実だ。

日常の生活を詠むことが、即「生活歌」ではない。実生活を基とする作句は有無を言わせぬ説得力を持つが、何より「実生活を基とする句」には「真実」が潜んでいる。

これほどくどくどと言う理由がある。

衣・食・住に足りた現在だが、遺る背無い生活苦が重くのしかかり、生活と俳句との乖離に気付いた俳人がそのことに苦しんだ過去の現実がある。そのことを思えば、現代の生活句に真実を見出そうとする読者にとって、生活句には過去から受け継がれた「真実」が潜んでいると考えるのは当然のことなのだから。

尤も、日々の生活に苦しんだ当時の俳人たちはそういった乖離の持つ力をバネとして句を成して来たのである。

＊

大いに共鳴した句。

傷のなき白き凍蝶ぬかるみに
寒雷に原野目覚めてまた眠る
大聖堂までの原つぱ日脚伸ぶ
雪柳水の流るる方に驛
かごめかごめ櫻吹雪が人さらふ
遠足の列に行きあふ爆心地
やすやすとまんぷく食堂に西日

名の木枯るみなと食堂前集合
わが影に西瓜の種を吐き捨てぬ
海山を分かつ線路や木の実降る
大陸のにほひの紙幣鳥渡る
コンビニのおでん水道水を足す
幸運は静かに來るよ冬菫

小動物にそそがれる作者のまなざし。

柊を挿す勝手口狸來る
丸洗ひされ猫の子は家猫に

心憎い独特の言い回し。「啓蟄をゆがく」「陽炎の懐」とは中々言えない。

啓蟄をさつとゆがきて畑のもの
陽炎の懐深く泣く子かな

適切な比喩。

起き上がり小法師のごとく草相撲

*

もとより僕は黄土眠兎のことをほとんど知らなかった。お会いしたことは幾度かあったし、「里」の行事でメールのやりとりもした。幾度か句会や会食をともにする機会もあった。昨年の「里」大吟遊では、二人で伊勢神宮を巡り、おかげ横丁で「赤福氷」をつつき合った。

謹呈された『御意』のお礼をメールで述べると、「総論の執筆、ずっと前から智行さんにと決めていました」との返信。「え、僕でいいのですか？　光栄です。了解しました」と返したものの、僕はまるで一度も会ったことのない未知の女性からいきなり人には言えない心の襞の奥のさらにその奥の秘めごとを打ち明けられたような錯覚に見舞われた。困惑と羞恥。なぜか？　僕は眠兎のこれまでの俳句理念や文学的出自を何も知らなかったからである。まして『御意』には「序」も「跋」もない。

しかし、僕は俳句が小説よりもはるかに心の秘密に露わであることを知っている。こう思い直した。句集には一人の俳人が生きて来た軌跡と精神風土が盛り込まれているはずであり、作者の息づかいを感じながら、丹念に作品と対峙してこそ共感なり感慨なりが起こり得るものだと。

僕は一人の女性俳人の心を尽くした作品世界にどれだけ迫ることができたのだろう。本稿を記して作者像を炙り出そうという僕の試みは、おそらく失敗に終わっている。ただ、感覚だけを根拠として言うのは甚だ心許ないが、この感覚をむしろ優先させてみようという気持ちがある。こういうことである。

眠兎はこれまで休みなく前進し続けて来た。一人の女性として激しい生き方をしたこともあったかもしれない。俳句においても修羅の時代があっただろうし、鋭い感性の時代もあっただろう。そしていつしか平明な奥深い世界を詠むことも知ったに違いない。このたびの『御意』上梓によって、長い間きりきりと張りつめて来た眠兎の心が、ふっと和らいで行ったと思われる今この瞬間を、僕はむしろ親しいものに思うのである。

（「里」二千十八年四月号）

感謝に代えて

筑紫磐井さんから「ブログの特徴を生かして無制限連載、著者が関係者に話をつけて参加してもらい、原稿を逐次集めて編集部に送ると言う方式の特集に参加しませんか?」とお声をかけていただき、「BLOG俳句新空間」「眠兎第1句集『御意』を読みたい」の連載が始まりました。句集の内容はさておき、鑑賞していただく「関係者」という方々のお力で成り立つこの特集に編集者魂がメラメラとわき、眠兎自慢の「関係者」の方々にご登場願いました。精鋭十四名の力作です。それぞれ違った視点から読み解いていただいたことで、イタコの口寄せの言葉を聞くような思いになりました。

また、軽舟先生の帯文、「耕」誌の時評にて『御意』を取り上げて下さった藤原龍一郎さん、「鷹」の句集特集の栗原修二さん、「里」の句集特集の谷口智行さん、中山奈々さんの文章も一冊にまとめておきたい宝物でしたので、ご無理を言って転載させていただきました。表紙絵は柳本々々さんからいただいた葉書の絵を使わせていただきました。ありがとうございました。

一年前のハロウィーンは『御意』のあとがきを書いていました。平成最後のハロウィーンは『御意始末』のあとがきを書いていることに、この一年の実りの大きさを実感しております。

改めまして、筑紫磐井さん、並びに「BLOG俳句新空間」の編集部の皆様方、「関係者」の方々に感謝いたします。

平成三十年　ハロウィーンの昼に

黄土眠兎

『御意』覚え書き
平成三十年一月十七日　邑書林発行
著者、黄土眠兎の第一句集　全二百七十八句収録
本文は活版印刷
四六判変形（130 × 188mm）
上製継表紙 カバー・帯・飾扉付き
全百六十二頁 貼り奥付
限定五百部 番号入り
帯文を小川軽舟が執筆（本書所収）
また、帯の裏面に軽舟抄出の「集中十句」を掲載
著者による「あとがき」を付す
カバー装画は速水御舟「翠苔緑芝」四曲一雙の内 左二曲　山種美術館蔵
造本は島田牙城
定価二千五百円プラス税

黄土眠兎 きづちみんと
千九百六十年 兵庫県生まれ　武庫之荘在住
「鷹」同人「里」人　句集に『御意』がある

御意始末《ぎょいしまつ》

編者………………黄土眠兎 © 2018

発行日……………2018年11月16日　第1刷

発行者……………黄土眠兎
発行所……………明日の花舎

661-0033　兵庫県尼崎市南武庫之荘 1 - 8 - 21 - 503
Tel　06-7171-6791
発売………………邑書林

661-0033　兵庫県尼崎市南武庫之荘 3-32-1-201
Tel　06-6423-7819
Fax　06-6423-7818
郵便振替　00100-3-55832
E メール　younohon@fancy.ocn.ne.jp
ネットショップ　http://youshorinshop.com
印刷・製本………………複写印刷株式会社
用紙………………………株式会社三村洋紙店
定価………………………本体 463 円（税別）
ISBN978 - 4 - 89709 - 881 - 4 C0095 ¥463E